臨江閣茶室と今井源兵衛

JN007198

上毛新聞社

ᨆBOOKLEᚈ

目　次

はじめに

　茶室は茶の湯と一体となって時代とともに受け継がれてきた。その流れが大きく変わったのは明治維新。廃仏毀釈や文明開化に伴い、武家や寺院においても茶室を維持することが困難になっていった。

　明治半ば頃からは、あらたに茶の湯をささえる数寄者たちの出現により茶室もまた建築されるようになったが、明治時代に茶室建築に影響をあたえた人物がいる。群馬県前橋市にある「臨江閣茶室」と東京日枝神社の境内地（麹町公園）にあった「星岡茶寮」を建てた大工今井源兵衛である。

　彼については分からない部分が多いが、彼の建てた「星岡茶寮」は明治初期の近代数寄屋建築の先駆けとして、建築学の方面からも評価されている建物である。「星岡茶寮」は現存しないが、彼によって同時期に建てられた前橋の茶室は、当時の姿のまま存在し、現在でも茶会をはじめさまざまな伝統文化の行事の会場として保存・活用されている。

　本書では、その貴重な茶室を群馬県にもたらした今井源兵衛について、ほとんど研究されていない点に注目し、彼の建てた建物などを考察することによって、その人物像を明らかにすることを目的とした。

「臨江閣 茶室」
『群馬県及び前橋市指定重要文化財 臨江閣 保存整備事業報告書』より

第1章　臨江閣と茶室建築発案者である楫取素彦について

第1節　臨江閣の概要

　臨江閣は、明治17年（1884）9月竣工の本館と、同年11月竣工の茶室、明治43年（1910）8月竣工の別館の3棟からなる。場所は、もとは前橋城の城域にあった地で、現在の前橋公園の北東に位置する。『群馬県及び前橋市指定重要文化財　臨江閣　保存整備事業報告書』によると、「敷地は南西方向に開け、西に利根川の流れに臨み、遠く妙義・浅間の山並みを望む景勝の地に建てられた」とある。

　本館は明治17年、初代群馬県令楫取素彦が元老院議官に転出する際、下村善太郎ほか前橋町（当時）の財界人を邸宅（楽水園）に招き、高位高官を迎えるための宿泊施設の建設を相談提言したことが建設の端緒となったといわれている。

　茶室は、本館竣工から2カ月後に完成。本館の西に建ち、四畳半茶席と八畳の書院座敷が中央の水屋をはさんだ形で構成されている。茶室建築発案者は楫取素彦で、本館を地元有志に建ててもらったお礼に、楫取ほか当時の県庁職員が醸金して建てたといわれている。この茶室を施工したのが今井源兵衛である。

　別館は、明治43年（1910）前橋市で「一府十四県連合共進会」が開催されるにあたり貴賓館として建てられた。平成28年（2016）3月から同29年7月にかけて、建物本体の景観はそのままに屋根や耐震など大改修がおこなわれ冷暖房も完備された。

　平成30年（2018）8月に3棟とも国の重要文化財に指定されている。

第2節　茶室建築発案者である楫取素彦

　楫取素彦は、文政12年（1829）3月15日長門国萩城下町（現山口県萩市）に長州藩医松島瑞蟠の次男として生まれた。天保11年（1840）藩儒・小田村吉平の養子となり、弘化元年（1844）15歳で藩校・明倫館に入学した。通称名は、久米次郎・伊之助・文助・素太郎などと変わる。安政6年（1859）5月吉田松

陰より松下村塾の後事を託された。

　さらに、国立国会図書館デジタルコレクション『近世偉人百話　正編』コマ番号 121 には、「吉田松陰の伯父玉木文之進の創設した松下塾で、吉田松陰は気を以て称せられ、山縣半蔵（宍戸璣）は学を以て称せられ、小田村文助（楫取素彦）は才を以て称せらる」とある。楫取は「松下塾の三秀」に選ばれるほどの才能があったことが分かる。

　小田村家が御船手組の楫取役として毛利家に奉公していたこと、また、小田村素太郎と名のっていたところから、慶応 3 年（1867）9 月 25 日藩の奥番頭に抜擢されたおり、藩命により楫取素彦 (かとりもとひこ) と改名した。

　明治 5 年（1872）2 月新政府から足柄県「七等出仕」に任命され、明治 7 年（1874）7 月に熊谷県権令、同 9 年 4 月熊谷県令に就任した。同 9 年 8 月熊谷県が群馬県と埼玉県に分かれ、楫取は初代群馬県令となった。

　明治 17 年（1884）7 月 30 日に元老院議官に任命され前橋を去ったのちは、前橋商工会議所編『製糸の都市前橋を築いた人々』によると、「明治 23 年（1890）貴族院議員に当選。同 30 年 10 月明治天皇の第十皇女貞宮御養育主任を命じられたが、同 32 年 1 月貞宮が 1 歳 4 か月で夭折すると、6 月に三田尻岡村へ帰郷した。晩年は同 44 年から病臥し、大正元年（1912）8 月 14 日に 84 歳の生涯を閉じた」とある。

　以上が楫取素彦の政治家としての側面になるが、彼は茶人としての側面ももっていて、それが臨江閣茶室の建築発案へとつながっていると考えられる。

第 3 節　楫取素彦と「茶」でつながりのあった建物と人物

（1）楫取の官舎であった「楽水園」

　楽水園は、もと前橋藩主松平大和守家 9 代典則の別邸（『紅雲町の今昔』126 頁）で、楫取が群馬に赴任したおりに官舎として使用していた建物である。当時の楽水園のたたずまいについては『前橋繁昌記』に挿画が載っていて見ることができる。

　楫取の楽水園でのようすは、畑野孝雄著『至誠の人　楫取素彦』に「楽水園は楫取自身だけでなく、彼の信頼する人びとが会合・懇親等のために利用していた。楫取が了解して供していると思われ、楫取の恬淡な性格がうかがえる。また、楫取は茶道も嗜んでいたことがわかる」とある。茶道（茶）を嗜んでい

たという根拠に、次の項（2）の大島喜六と師弟関係にあったことや、（3）の白根多助を茶会に招待したことなどがあげられる。

次に、楫取は楽水園を所有していたという世間の評

「楽水園」挿画　『前橋繁盛記』復刻版　みやま文庫

判にたいして、杉民治に宛てた書簡のなかで次のように釈明している。

　読みくだすと、「上州に別荘を構えたと世上の評判や新聞にも掲載が往々にしてあったが、じつはご存じのとおり、楽水園は旧藩主の所有なるを、在任中借り受けていたもので、この地を去るとき払物にしたものを人民が買いとり楫取の表札を掲げた。旧県令の別荘として来観人から茶代をとり園丁植木屋庄八（高木庄八）の看守人としての維持費にあてられていた」とあり、管轄内には

楫取が義兄・杉梅太郎に贈った貞宮遺品の棗

楫取が義兄・杉梅太郎に贈った貞宮遺品の茶杓

萩博物館所蔵

わずかな土地も所有しないという楫取の持論が貫かれている。

　高木庄八亡きあとは、茶室にその家族が住んでいて、当時の様子を知る高橋茂子が「むかしのこと」という覚書をのこしている。抜粋すると〔その石段をとんとんと十段ほど弧を描くように下りていくと泉が湧いていました。高木さんは泉の水を生活に使っていたのです。高木さんのおばあさんから「土手下に泉があるから、ここに茶室があるのですよ」と聞かされたことがありました〕とあり、泉の水で茶を点てていたことが分かる。

　楫取が別邸としていた「楽水園」の当時の様子は、前掲の『前橋繁昌記』

の挿画と高橋茂子の文章が一致しているところから想像することができる。

　この楽水園は筆者の祖父佐藤守廣が昭和20年代初頭に買いとり「楽水園」という旅館を経営していた。3代目の従兄は早くに亡くなり旅館は閉じてしまったが、従甥姪の話によると「旅館を建てる際に茶道具のようなものがでてきたが、そのまま取り壊されてしまったという話を聞いたことがある」とのことである。

　残念ながら楫取が「茶」をしていたという証拠となるものは何も残されなかった。現在では萩博物館に楫取が義兄杉梅太郎に贈った「貞宮遺品の棗と茶杓」が残るのみである（7頁写真）。

（2）茶の湯の師匠であった大島喜六

　大島喜六（1826～1883）は『下村善太郎と當時の人々』によると「彼はまたすこぶる趣味に富んだ人で―中略―歌もやれば茶の湯もやるといったように、多方面に趣味を持った人で―中略―群馬県令楫取素彦の如きは實に彼が茶の湯の弟子であった」とあるが、現時点ではどのような師弟関係があったのか手がかりはない。ただ、前橋二十五人衆の一人として楽水園でたびたび会談していることから、そのおりに茶を供していた可能性は考えられる。

（3）茶の湯で交流のあった白根多助

　白根多助（1819～1882）は幕末の長州藩士。明治4年（1871）埼玉県権参事に就任し、明治8年（1875）埼玉県令に昇進した。

　白根と楫取は隣の県同士として交流があっただけではなく、二人とも長州の出身で、白根は楫取の妻の実家である杉家とは親戚づきあいをしていた。それを裏付けるように「白根家文書」には白根・楫取・杉家とのあいだに複数の書簡が残っている。

　そのなかの『白根家文書10』に、「明日午後より茶会之様ナルモノヲ以て御案内申度、御夫妻様ニテ水辺小亭江御来貢ヲ願候積リ」（水辺小亭とは楽水園のこと）という書簡があり、楫取が白根を茶会にさそった様子が分かる。楫取素彦が茶の湯（茶）をしていたと分かる貴重な資料である。

　実際の書簡を埼玉県立文書館で閲覧したが、赤い線で桜や紅葉のイラストが描かれている半切紙が使われていて、茶会にさそうための私的な書簡であることが分かり、茶人としての好みがうかがえる。

「白根多助宛　楫取素彦書簡」白根家文書 10　紀要第 18 号　埼玉県立文書館

（4）楫取の茶人としての素地と晩年の「茶」とのかかわり

　楫取の茶人としての素地は、浅田晃彦著『上州茶の湯史話』に「長州藩は昔から茶道の盛んな所である。藩祖毛利輝元は利休の弟子であり、弟秀元は古田織部に師事し、当時の武将中屈指の茶人だった。七代重就は川上不白に入門して奥義に達した」とあり、長州藩に茶の湯が浸透していた様子がうかがえる。重就は七代、楫取の仕えた敬親は十三代なので茶の湯が継承されていたという確証はないが、長州に茶の湯の素地があったということは、敬親の懐刀といわれていた楫取も茶の湯の影響を受けていた可能性は考えられる。

　明治 32 年、防府三田尻に隠棲したあとの楫取の様子は、防府史談会会誌『佐波の里　第 24 号　村田輝夫著「楫取素彦（小田村伊之助）」』の項につぎのように書かれている。「楫取家に防府隠棲後も続いて仕えた竹内フジさん（平成 5 年他界）の御息女大庭ミチコさんの話に依ると、迫戸町に茶席を作り、後妻文夫人（久坂玄瑞の未亡人で松陰の末妹）と共に毛利元徳など賓客を迎えては歓談した」とある。

　しかし、十四代藩主毛利元徳は明治 29 年（1896）に没しているので、楫取が隠棲した同 32 年（1899）には生存していないことになる。楫取素彦の妻（文）が毛利元徳の長男元昭の守り役であったことや、楫取が隠棲したころ元昭が三田尻に住んでいたことから、歓談したのは元昭と考える。いずれにしても楫取夫妻が終生茶の湯（茶）に親しんでいた様子はうかがえる。

第2章　今井源兵衛の調査と彼が建てた建物について

第1節　今井源兵衛の調査

（1）足跡の調査①

　調査は、明治33年（1900）7月1日付東京朝日新聞に掲載の「6月29日父源兵衛儀死去」の訃報欄からはじまる。住所は麹町区山元町2丁目9番地、「男・今井原次郎、親戚・村上光保、総代・砂崎庄次郎」とある。息子原次郎の手がかりはなく、後日村上光保の子孫とコンタクトをとることができた。

　その話によると「親戚として名前は聞いたことはないが、明治2年天皇が東京へ遷られるとき、当家（村上家）も供奉の一人として遷ってきた。そのときに砂崎家（村上家の親戚）のよ

第4章で判明した「今井源兵衛像」　国会図書館デジタルコレクション『請負の栞』

うに大工の人たちもたくさん遷ってきた」とのことである。

　村上家が東京へ遷ってきたとき源兵衛も一緒であったかどうかという点については、明治14年（1881）に「地券焼失に付新地券下与願聞届」が、京都の「上京区第11組上神輿町今井源兵衛」の名で京都府知事に出されていて、土地は「愛宕郡下鴨村」とあることから、この年までは京都に居住していたと考えられるので、一緒に遷ってきた可能性は低い。

　源兵衛とかかわりがあったかどうかの確証はとれなかったが、当時の住所が村上家は山元町1丁目、源兵衛が同2丁目という関係であり、訃報欄にも親戚とあるので親しい関係であったことは分かる。

今井源兵衛

村上開新堂

楫取の自宅
平河町6丁目22番地

東京都立中央図書館地籍台帳・地籍地図「東京」第5巻地図編 ①

（2）足跡の調査②（年代順）

　明治15年（1882）5月には、『小説「星岡茶寮」』によると、〔奥八郎兵衛が星岡茶寮の「家屋建築の詳細な図面」を役所に提出するため、京の源兵衛にもきてもらった〕とあるので、この年にも京都にいたことになる。しかし、この書物は奥家の古文書をもとにしているが小説でもあるので参考としたい。

　明治17年（1884）に東京の「星岡茶寮」と群馬の「臨江閣茶室」を建てている。

　明治22年（1889）の『日本紳士録』第1版（30コマ37頁）に今井源兵衛について「大工職　麴町區山元町二丁目九」とあり、この年には東京に住所を移していたことが分かる。この紳士録は第1版なので、同年以前に東京に移ってきた可能性は高い。

　明治25年（1892）3月には、細川侯爵邸（小石川区老松町）の日本館新築工事の際、内匠寮木子清敬のもと、甲の部広間居間・乙の部小座敷を請け負っている。

　この細川邸の一部（大書院）は、現在東京世田谷区烏山寺町の幸龍寺に移築

されているとのことで、細川邸の平面図を拡大してみると、源兵衛の担当した甲の部に格天井の部屋が2カ所ある。これは、いちばん位のたかい天井になるので、平面図の床の間がつく二間つづきの格天井の部屋が移築されていると考えられ、幸龍寺に問い合わせをしたところ、その部屋であるという確認がとれた。しかし、その後土台から180度回転させて裏側にもっ

乙の部

格天井

格天井

甲の部

「細川邸日本館平面図」東京都立図書館 Tokyo アーカイブ　木 68-1-1

ていったとのことである。インターネットＨＰに写真が載っていることを伝えると、「寺は公開はしていないので、一般の方がどこかを撮ったものでしょう」とのことであった。残念ながら実際に見ることはできないが、源兵衛の建てた建物で現存するのは、臨江閣茶室と幸龍寺大書院のみになるので、源兵衛の足跡が分かる貴重な建物である。

　また、今回の調査で、この細川邸見積書の筆跡と臨江閣茶室の棟札の筆跡が同じであることが判明し、細川邸と臨江閣茶室を建てた今井源兵衛は同一人物であることが証明された。これによって、臨江閣茶室の棟札に「京都大工　今井源兵衛」と書いたのは本人ということになる。筆跡を見比べるため、細川邸見積書と臨江閣茶室の棟札のコピーを掲載した。

　明治 26 年（1893）11 月 21 日の東京朝日新聞に、同 28 年 4 月から京都市岡崎公園で開催された「第 4 回内国勧業博覧会場請負工事入札の結果、東京大

野常吉、大阪今井源兵衛、同土木会社の3名へ落札の見込みあり」と掲載がある。

しかし、博覧会の建物敷地総数は4万7,000平方メートルであり、建物は、美術館、工業館、農林館、機械館、水産館、動物館の6館と壮大なスケールのため3名での落札ということには疑問が生じるが、落札者に名前があるということは、この工事となんらかの関係があったことは考えられる。

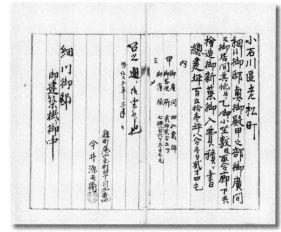

「細川邸見積書（部分）・今井源兵衛筆跡」
東京都立図書館 Tokyo アーカイブ　木68-3-12

明治29年（1896）に出された『日本紳士録』第3版（49コマ48頁）では「土木請負業」と記載があり、同30年第4版から同33年第6版までは「建築業」とある。

明治30年（1897）英照皇太后（明治天皇の嫡母）御大喪の際に、「泉涌寺附近復旧工事豫書」を書いている。

明治33年（1900）9月刊行の『日本現今人名辞典』第1版（58コマ74頁）に、いまゐげんべゑ（今井源兵衛）について「君は東京の建築負請業若狭屋の主人なり（營五七圓餘、所二一圓餘、麹町區山元町二ノ九）」とあり、同年の紳士録第6版の建築業では屋号が若狭屋であったことが分かる。屋号の由来については不明。

またこの年には、第2節に記載の木子へあてた今井源兵衛・河合喜兵衛の書簡から、静岡御用邸の建築に携わっていた可能性が高い。

「茶室棟札・今井源兵衛筆跡」『群馬県及び前橋市指定重要文化財 臨江閣 保存整備事業報告書』より

明治34年（1901）『日本紳士録』第7版（51コマ43頁）では、同33年6月に亡くなっているので「麹町區山元町二丁目九」と住所のみの記載である。

明治35年（1902）『日本紳士録』第8版（63コマ37頁）に今井原次郎・土木請負業の記載があり、訃報欄にあった源兵衛の息子が跡を継いだことが分かる。同36年第9版でも同様の記載があるが、同41年第12版（10・11版は無し）のゐの部に原次郎の名前がないことから、源兵衛亡きあと原次郎が仕事をしていたのはわずかな年月であったことが考えられる。

第2節　内匠寮木子清敬との関係を示す資料

　今井源兵衛がなぜ仕事場を東京・京都などと移動していたのかという点が疑問であったが、『京の大工「三上吉兵衛」（下）』の最後のページに次のような記載があり解決した。

　［吉右衛門（吉兵衛）はこれ以外にも内匠寮木子清敬の許で、明治三十年に「御大喪」式場にあてられた泉山東北陵の仮屋建施設を施工しており、この時は「東京今井源兵衛、京都三上吉兵衛」両名の「組合」として工事を請け負った。この場合の「組合」は、現在でいうジョイント・ヴェンチャーの形態と考えてよいだろう］という記述があり、東京から組合というかたちで仕事を請け負っていたことが判明したのである。

　これによって、源兵衛が点々と仕事場をかえていた理由は、木子清敬のもと住所は東京麹町区のまま組合組織で仕事を請け負っていたためと考えられる。

　また、この資料の発見によって、英照皇太后御大喪の際には、「泉涌寺附近の工事」の他に「泉山東北陵の仮屋建施設」も施工していたことが判明した。

　「組合」については、明治になると同7年には大阪で「建築受負業兼大工業仲間事務所」と称して大工職業組合結成のうごきがあり、同13年には京都でも「京都府下大工組合会社」のように近代的な組織づくりがおこっていて、各地においても同様なうごきがあったとの記述があり、組合組織が活発化していった様子が分かる。

　さらに、源兵衛と木子との関係は、東京都立中央図書館の『木子家古文書』のなかに、今井源兵衛と河合喜兵衛連名で木子にあてた書簡があり、関係のあったことが確認できる。書簡の翻刻文を釈文する。（釈文は京都府立京都学・歴彩館　山本琢氏）

「此間中種々御周旋被下、且昨日者御面会被下御心添之段、難有奉存候、

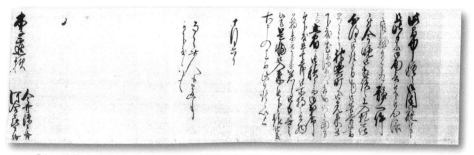

「木子清敬（正雄）宛 今井源兵衛／河合喜兵衛書簡」
東京都立中央図書館　特別文庫　木 47-2-7-1

　　静一件ニ付、今晩御相談之上、入札可仕心得ニ御座候間、乍御苦労暮早々
　　より神輿町へ御光来被下度、深更ニ相成候ハヽ当方ニ而止宿之御積りニ
　　而御出席被下度、且其節御所持之書物御持参被下度、若し御手ニ無之候共、
　　是非御入来被下候様、此度右申入上、如此御座候、以上、
　　　　十月六日
　　　　　　尚々此人江御返事
　　　　　　被下度候、以上、
　　　木子正雄（清敬）様　　　　　　　　　　今井源兵衛
　　　　　　　　　　　　　　　　　　　　　　河合喜兵衛」

　　読み下すと、「此間中種々御仲介くだされ、かつ昨日は御面会下さり御心添
えの段、有難く存じます、静一件について、今晩ご相談のうえ入札したいと心
得ていますが、―中略―かつ其の前御所持の書物を御持参くださりたく、もし
御手に無くても此の度是非神輿町へ来ていただきたい」。
　　というような内容が書いてあり、木子に入札について相談している書簡であ
ることが分かる。筆跡は源兵衛ではないので河合喜兵衛のものと考えられる。
　　静一件については、明治 33 年（1900）4 月竣工の「静岡御用邸」（跡地は静
岡市役所）を木子が内匠寮の土木課長として担当しているので、この書簡から
源兵衛が関係している可能性が考えられる。前掲の組合組織であったという資
料とともに、木子と関係があったことを証明できる重要な書簡である。

第3節　村上光保・砂崎庄次郎・奥八郎兵衛との関係

　今井源兵衛の訃報欄にあった親戚村上と総代砂崎は奥八郎兵衛ともつながっている。山本道子・山本馨里著『村上開新堂1』19頁によると、「禁廷（宮中）に御出入りの、虎屋の黒川光正、後年星ヶ丘ママ茶寮建設に尽力した奥八郎兵衛、高田装束店なども、この時、皆一緒に東京に移った人たちです」とある。村上は、今井源兵衛が東上した際の住居を奥に依頼され、同じ町内の家を紹介したと考えられる。

　源兵衛が埋葬されたのは、訃報欄から赤坂区田町2丁目常満寺である。赤坂区の東隣は麹町区で当時の星岡茶寮は高台のため、寺からよく見える場所（現在ザ・キャピトルホテル東急）であった。砂崎家は常満寺の総代ということで、源兵衛を星岡茶寮の見える寺に埋葬した可能性が高い。

　常満寺は地図に無く、同じ2丁目に江戸時代の絵図や地籍地図にも載っている成満寺があるが、今回の調査では同じ寺という確認はとれなかった。しかし、場所はおなじ田町2丁目なので眺望はおなじであったと考えられる。

　また、村上の妻（茂登）の実家の父は宮廷の工匠河合信次である。彼は多くの資料を残していたが、『村上開新堂1』によると、「『神饌雛形　工匠技術の懐』という書物は3冊まで完成していたものの、出版社がつぶれ残りの資料とともに巷間に散らばってしまった。それらを帝大（現・東京大学）の木子清敬博士がだいぶ集められて、それらが博士論文の材料になったようだ」ということで、木子は村上家ともつながりがあったことが考えられる。

　この河合信次については、前項の書簡の河合喜兵衛と関係があるかどうか村上家の子孫にも問い合わせたが、二人の関係性はつかめなかった。

第4節　星岡茶寮を建てる端緒となった「八新」

　「八新」は京都の料理屋で、今井源兵衛が星岡茶寮を建てる端緒となった建物である。河内屋10代目奥八郎兵衛は、「八新」4代目佐々木新六の弟で、河内屋（奥家）に養子にはいっている。奥は星岡茶寮を建てる際に源兵衛を実家の兄に紹介してもらったことになる。この関係については家系図を作成したので掲載する。

　「八新」については渡邊勝利著『小説「星岡茶寮」』に、「麩屋町の店は幕末

河内屋（奥家）　　　　　　　　　　　　　八新（佐々木家）

の大火で炎上し、その後、明治に入って八郎兵衛の兄の４代目佐々木新六が再建した」とある。

また、『関の清水　八新』の「八新署記」に、「明治の初年、車駕東幸の御時－中略－共に東上した同役の奥八郎兵衛氏は大膳職に留り、私方は間もなく京都へ帰って、柳馬場御池の家の外に麸屋町御池にあった家の方で時新の包丁好評を博して酔月以来の趣向」とあり、４代目新六は京都にもどってからは再建した麸屋町の「八新」にいたことになる。

これらを総合的にみると、奥八郎兵衛が今井源兵衛に頼みにいくきっかけとなった「八新」は柳馬場ではなく麸屋町御池の「八新」であり、奥八郎兵衛はこの「八新」を見て、今井源兵衛に星岡茶寮の建築を依頼したと考える。

八代　八郎兵衛（狭山衆）
み乃
多み
九代　縫
鎌次郎（離縁）
養子
表三（明治四年多みと結婚後十代）
佐々木新六（三代）
三男　表三（河内屋へ養子）
長男　新六（四代）
長男　新六（五代・生間流）
後見
杉孫七郎
鈴木きう
雪子
十一代　三男　誠太郎
長女　竹子（吉田家に嫁ぐ）

「奥家・佐々木家　家系図」筆者作成　佐々木家４代新六と奥家１０代表三（奥八郎兵衛）が本書に関係する

現在の八新記念会館の当主によると「『八新』は遠縁から譲り受けたもので

17

詳しいことは分からない」とのことであったが、当主から江戸後期の柳馬場「八新」隣家の老舗呉服問屋創業者末えいにあたる市田文次郎氏を紹介していただいた。市田氏からは、調査の重要なポイントとなった第2節の『京の大工　三上吉兵衛（下）』をはじめたくさんの資料を提供していただいた。

　そのなかの工商技術『都の魁』「麩屋町御池八新亭」の絵図を見ると、塀のなかに「八新亭」の建物が並んでいる様子がわかる。星岡茶寮が「茶道」の再興を建設の目的としていることもあって、絵図左手のほうに外待合・中門・茶室があることが分かる。

　茶道の再興には茶室は不可欠で、茶室を建てられる大工も不可欠であったことが考えられる。今井源兵衛は、奥八郎兵衛に「八新」を建てた腕をみこまれて、星岡茶寮を建築することになったと考えられる。

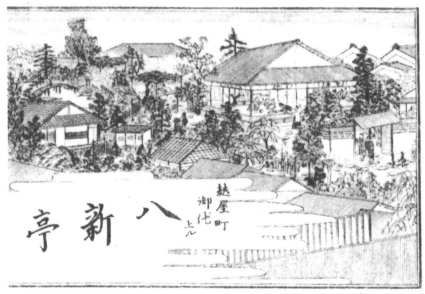

石田有年編『都の魁：工商技術』石田戈次郎　明治16年
国立国会図書館デジタルコレクション

第3章 「星岡茶寮」と「臨江閣」の茶室の考察

第1節 「星岡茶寮」

（1）建設の由来と概要

　「星岡茶寮」は明治17年（1884）東京永田町山王台の麹町公園内に建設された。茶の湯を中心とした社交施設で、ほかに謡曲や琴あるいは囲碁など、日本の伝統文化を楽しむことを目的としていた。第2次世界大戦で焼失してしまうが、戦前には北大路魯山人の料理店「星岡茶寮」として知られた存在であった。茶寮の表記については、明治期における辞書で「ちゃりょう」と読まれ、その意味は数寄屋いわゆる現在でいう茶室の意味をもっていたといわれている。

　国立国会図書館デジタルコレクション「東京市史稿　遊園編　第5」に茶寮設立の由来が次のように書かれている。

　「茶寮は星岡の東南隅に在り、崖に臨みて栽籠の茂れる閑雅静逸を旨とし、風月の情に富む、敷地数百坪あり、設立の計畫明治十四年の夏納涼みがてらに奥八郎兵衛八木佳平の二氏此の地に遊び、―中略―茶寮設立の計畫は斯く結ばれつるなり。―中略―　番匠は宮寮の今井源兵衛氏なり、即日貴顕紳士を招待して開業式を行ふ、忘れもせぬ明治十七年六月十五日なりき。―中略―茶寮の号この地の古名「星岡」と見えたれば星岡茶寮と号しぬ」

　茶寮建設の計画は、奥と八木が星岡の地を散策中に立てたことが分かる。重要な部分は、建てたのは今井源兵衛と明記されていること。茶寮名称の由来も書かれている。

　ここで、宮寮とは宮内省内匠寮のことと考えられるが、鈴木博之監修『皇室建築　内匠寮の人と作品』の「内匠寮組織年表」によると、内匠寮は神亀5（728）年に設置されたが明治6年に内匠課となったため、開業式を行った明治17年は内匠課という組織であった。明治18年12月22日に太政官官制廃止となり、同12月23日の内閣制度発足に伴いさいど内匠寮という組織となった。このため明治17年時点では、宮寮ではなく宮内省内匠課（宮課）であり、源兵衛はそこから仕事を請け負っていたと考えられる。

また、「同稿　市街編　第67　附記二」に「今度府下の巨匠三野村、小野の諸氏が發起となりて、麹町區山王の公園地へ星岡茶寮といふを新築し、社員五百名を募り、目下衰へたる千家の茶道を回復する目的なりとぞ」とあり、千家茶道の復興という目的を明確にもっていたことが分かる。

　寮主も表千家松田宗貞で、茶寮に関するいっさいの事務を管理すると決められていたが、明治17年3月13日に東京府にだされた「同稿　遊園編　第5」には「点茶ノ式ハ一ニ千家の則に遵フモ、必シモ舊套ニ拘泥セス」とあり、千家の茶を復興させることが目的ではあったが、その立場を確保しつつも舊套<ruby>きゅうとう</ruby>にこだわらないというところに、新しい時代の「茶」との関わりがみえてくる。

　また星岡茶寮には「寮則」があり、「会友の點茶、及び詩歌・琴・棋・書畫・雅楽・謡曲等の清遊雅会を為す」とある。茶の湯のための施設ではあるが、茶の湯以外に日本の伝統的芸能がおこなわれることが同稿に記載されている。

　さらに寮則には、会員制ではあるが会員以外の見学をみとめていること、ある程度制限はつくものの会費を納めれば誰でも施設を利用できることなどが決められている。これは、星岡茶寮がそれまでの閉鎖的な茶の湯の環境にくらべ、開放的で近代的な傾向をもった施設となっているところに大きな特徴がある。

　星岡茶寮はこのように原則として会員制のため「星岡茶寮会友名簿」（入会順）がある。楫取素彦は450人中の51番目に記載があり、はやくから会員として寮則を見ていたことになる。楫取は臨江閣構想の際、建物だけではなく運営方法も参考にしたことが考えられる。

（2）近代数寄屋建築の先駆けとして評価されている点

　星岡茶寮が近代数寄屋建築の先駆けとして評価されているという根拠に、2つの論文と1冊の書籍をあげる。

論文1：稲葉信子論文「木子清敬の帝国大学（東京帝国大学）における日本建築学授業について」

　工学博士である稲葉氏は、木子清敬の日本で最初の日本建築にかんする授業に焦点をあてて論じている。そのなかで、伊東忠太が帝国大学在学中に星岡茶寮の見学の予定を日記に書いていたことにつづいて、「木子清敬が設計に携わった青山御産所や細川邸など同時代の和風建築やその現場、あるいは星ケ岡ママ茶寮など茶の湯のための施設の見学が行われていることは、先に検討した講義や演習などの授業内容と照らし合わせ

て、木子清敬の日本建築学が単なる歴史ではなかったことを示している
と考える」と星岡茶寮が建築学の授業の対象にもなりうる価値を論じて
いる。

論文２：桐浴邦夫論文「星岡茶寮の建築の研究」

　上記論文は「その１　東京府の公園経営と星岡茶寮の建設経緯」・「そ
の２　創設期における星岡茶寮について」の２本から成り立っている。

　「その１」では、近代の数寄屋建築の先駆けとも考えられる星岡茶寮
の建築を理解することをあげている。具体的には「特に本稿は、1884（明
治17）年という茶の湯の施設の誕生としては早すぎると思われる時期に、
この施設が建設されるにいたった事情を、『東京市史稿』を中心に観察し、
東京府の公園経営の立場、とりわけ民間の事業参入との関わりを中心に、
明らかにしようとするものである」と、星岡茶寮の建設は、東京府の公
園経営と密接な関係をもっていたことを指摘している。また、星岡茶寮
における茶の湯の立場は、旧来の影響をあまり受けないということで、
これは後の近代数寄屋建築を観察するうえにおいても重要な要素となる
と論じている。

　「その２」では、星岡茶寮の創設期における状況を把握し、この建築
の意味を理解することにあるとしている。桐浴氏は、星岡茶寮の平面構
成は広間における棚や書院の省略、能というほかの用途への転用が可能
という点や、割烹としての要素をそなえるなど、精神的志向というより
遊芸的志向上にあるとされるが、計画の途中で利休堂があらたに加わっ
たことで、明治という時代のながれでもある精神的志向が取り入れられ
ていると説いている。

　また「さらにそれは開放的な施設であったことから、のちの茶の湯あ
るいは数寄屋建築に与えたであろう影響は少なくないものと想像され
る。つまりそれは近代における数寄屋建築の両翼の特徴を捉えたもので
あると考えられ、またその影響も勘案すると、数寄屋建築の近代におけ
る黎明を示すものとして位置づけることができよう」と、星岡茶寮の建
築が近代数寄屋建築に影響をあたえていると論じている。

書籍：桐浴邦夫著『茶の湯空間の近代』

桐浴氏は、同書・第２章「公の場所に設置された数寄屋」第４節で星岡茶寮

について執筆していて、第3章明治期の茶室の文献・第1節には、茶室がどのように伝達されてきたかという点について「都市の近代化施策に伴う公園における茶室は、公の場所に位置することによって情報を多くの市民に発信し続けてきた」ことにあると説いている。さらに「博覧会や博物館などが茶の湯を伝承し、あらたな価値を発信するメディアとしてあった」と述べていて、幕末から明治初期の茶室の冬の時代にどうやって茶室が復興したかという点を論じている。

　以上、これらの論文や書籍を考察することによって、星岡茶寮が近代数寄屋建築黎明期の建物として評価されていることが分かり、それを建てた今井源兵衛の腕も高く評価されるべきものと考えられる。

（3）星岡茶寮「二畳台目席」と「中板入席」

　この2つの茶室は、桐浴邦夫・本多錦吉郎の研究の対象となっていて、国立国会図書館デジタルコレクション本多錦吉郎著『茶室構造法』から、アイソメ図や一点透視図などを見ることができる。

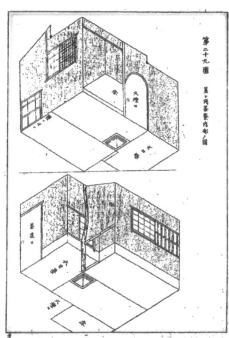

星岡茶寮「二畳台目席」（アイソメ図）
茶室構造法：茶道要訣［図］国立国会図書館
デジタルコレクション

　「二畳台目席」は、下座床で右脇に給仕口がつき、茶道口から折れ曲がりに点前座へすすむ。下地窓・色紙窓がつき、南側に躙口がもうけられている。天井は躙口側の天井が床の間の前を平天井・躙口側が化粧屋根裏・点前座が落天井の三段構成になっていて、袖壁は半間ほどの大きなものが二重棚の半分ほど下がっている。中柱は曲柱で、桐浴邦夫著『世界で一番やさしい　茶室設計』によると、古田織部考案といわれている。この中柱は利休流では赤松皮付きのまっすぐな材質が好まれ、二重棚は半分見えているところが特徴なので、星岡茶寮の二畳台目席は利休流と織部流が融合されていると考えら

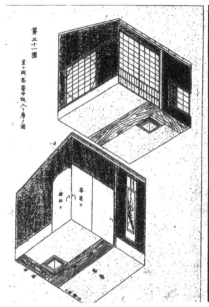

星岡茶寮「二畳中板入り席」（アイソメ図）「二畳台目席」（一点透視図）
国立国会図書館デジタルコレクション　茶室構造法：茶道要訣［図］

れる。

　「中板入席」は、逆（左）勝手で、中板は炉の幅がありながら入炉（向切）のため、
客座との間が広くなっている。また、点前座は向板が入っているため少し狭く
なっているが、茶室全体は二畳と中板を加えた広さとなっている。この茶席は
躙口ではなく貴人口になっているところが特徴である。

　この２つの茶室をみると、明と暗に分かれていると考えられる。二畳台目席
では、窓は南側の躙口の斜め上に一つ、風炉先窓が一つ、東側に連子窓が一つ
付いていて、床の間と点前座の明かりは確保しているものの全体の採光はすく
ない造りになっている。それに比べて中板入席は、風炉先窓はもちろん、東側
に大きな丸窓、南側が引き違い障子の貴人口などで、充分な採光が確保されて
いる。この２つを比べると、旧来の暗い茶室から明るい茶室へと変化の途中で
あることが考えられる。

　また、台目構えの席では、あたかも亭主が次の間で点前をしているような謙
虚さを重んじているが、中板入席では、亭主が客と同等の立場で点前ができる
造りとなっている。これは、用途によって使いわけられる構成になっていると
考えられる。

以上から、この2つの茶室が、次の臨江閣茶室の建築に影響を与えていると考える。

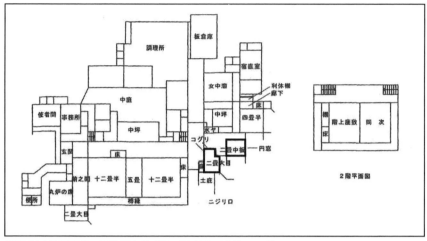

「星岡茶寮略平面図」桐浴邦夫著『茶の湯空間の近代』68 頁

第2節　臨江閣茶室「畊堂庵」

（1）茶室の名称の由来と構成
　臨江閣茶室「畊堂庵」は、地元有志に臨江閣本館を建ててもらったお礼に、楫取と県庁職員が資金をだしあって建てたといわれている。この茶室の名称は、建設当初は「臨江閣附属茶寮」であった。畑野孝雄著『至誠の人　楫取素彦』から抜粋すると、昭和57年（1982）地元有志らの懇話会から「畊堂庵または畊堂亭」との案がでていたが立ち消えになっていた。平成20年（2008）「全国都市緑化ぐんまフェア」が開催されるのに合わせて、前橋市は平成19年に楫取の雅号畊堂からとって「畊堂庵」と命名したとある。
　茶室畊堂庵の構成は、京間四畳半の茶席に、水屋をはさんで、八畳の書院席に腰掛待合が附属する造りとなっている。
　ここからは、次の4冊を資料A・B・C・Dとして本文中に記載する。

　　　資料A：日本大学生産工学部建築工学科編集「前橋市臨江閣修復基本調
　　　　　　　査報告書」前橋市教育委員会　昭和59年（1984）
　　　資料B：財団法人文化財建造物保存技術協会編集「群馬県指定重要文化

財　臨江閣本館及び茶室保存修理工事報告書」前橋市教育委員
会　平成3年（1991）
資料C：前橋市教育委員会事務局文化財保護課編集・発行「群馬県及び
　　　　前橋市指定重要文化財　臨江閣　保存整備事業報告書」平成30
　　　　年（2018）
資料D：群馬県教育委員会編集・発行「和　群馬県の近代和風建築」平
　　　　成24年（2012）

　四畳半茶席は、本勝手・下座床の形式。「床の間は踏込み床で、床奥の隅を
塗りまわした洞床となっている」と、資料A・13頁、資料C・8頁に記載があ
るが、洞床とは床の間の全面の一方に方立の伴わない袖壁が付き、落掛もなく、
座敷側の壁と床の間内部が連続して塗り回されていて、間口より内部のほうが
広くなっている洞のような形式のことをいう。したがって、四畳半茶席の床の
間は、落掛が付き、袖壁が付かず、床奥の隅を塗り回した室床と判断できる。
　内部のようすは、北側の下座床に床柱からつづいて右脇に給仕口がつき、東
側に引き違い襖の茶道口と南側に一間の腰高障子の貴人口がつく。茶道口から
は折れ曲がりで点前座へすすむ。この茶席の特徴は躙口でなく貴人口であるこ

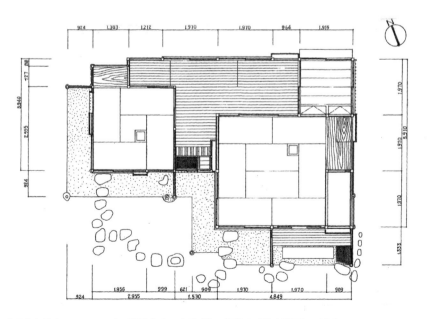

「畔堂庵茶室・平面図」（四畳半茶席・書院席）　資料B「茶室図面」18頁

とにある。

　貴人口については、桐浴邦夫著『世界で一番やさしい茶室設計』に「貴人口とは、通常の明障子を立てた客用の出入り口で、特に位の高い貴人を迎えるときに使用されることを前提としたものである」としたうえで「明治以後においては、文明開化とともに茶室に明るさを求める声が大きくなり、貴人口に明かり採りの役割を併せてもたせ、設置することも行われるようになった」とあり、四畳半茶席を貴人口としたのは、貴人を迎えるためだけでなく、開放的に明るくすることが目的であったことがうかがえる。

　さらに、天井をみると、床前は竿縁平天井・貴人口側は竿縁（竹・木交互）天井・点前座はさらし竹竿蒲蓆の三段構成でくみあわされていて、草庵茶室に多くみられる（資料B・5頁、C・8頁）構成である。

　これは客座の位を高くし、客をもてなす気持ちを表現したものといわれている。本来、四畳半茶席における点前座は、客座と同質の空間として設置されることが多く、天井も平天井にする場合が多いが、この四畳半茶席は三段構成の天井になっている。楫取の高位高官を敬うという思いを源兵衛が取り入れたと考える。

　書院席は、資料B・8頁を参照すると、畳敷きで本勝手8畳・上座床の形式、

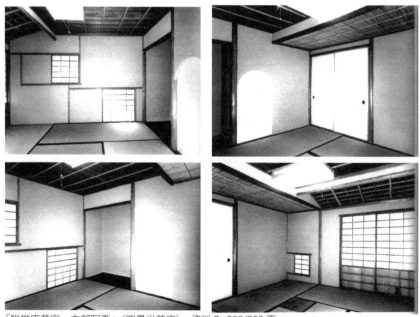

「畊堂庵茶室・内部写真」（四畳半茶席）　資料B　250/252頁

天井は杉柾羽重竿縁、壁は聚楽塗とする。東側に6尺の畳床と脇床を備える。床柱は赤松丸太筍面、框を磨丸太、杉鏡板天井。脇床は踏込床で半間の地袋をつけ、天井は網代天井とする。建具は廊下境を襖引違、西側は腰付明障子引違、南側は火灯窓に明障子引違、つづいて一間の腰付明障子引違、さらに西側に回って一間の腰付明障子引違を建込む。とあり、書院造りを基本として草庵茶室の

「畊堂庵茶室・内部写真」（書院席）　資料B　254頁

技術がいかされた数寄屋造りになっている。

　この数寄屋造りについては、桐浴邦夫著『世界で一番やさしい茶室設計』によると、数寄屋造は、書院造の形態を基本として草案茶室の考え方や技術が生かされた建築である。数寄屋建築には一定の規則が定められているわけではない。しかし一般的な特色を挙げると以下のとおりである。

1. 柱は、丸太またはツラを付けた面皮柱を用いる。
2. 長押は、付けないか、あるいは半割の丸太や面川が使用される。
3. 壁は、土壁または張付壁でも水墨画が描かれるか、あるいは唐紙を用いる。
4. 床の間、違棚、付書院などの飾りのための装備が自由な形態と配置をとる。
5. 天井は、格天井ではなく竿縁などの軽い手法であり、低く抑えられる。
6. 材料は、格が高いと考えられている檜は避けられる傾向にあり、杉や栂、松、竹などさまざまな材種が使用される。

とあり、臨江閣茶室には数寄屋造りの要素が多く含まれていることが分かる。

（2）茶室建築の経緯

　楫取素彦は県令を退任したのが明治17年（1884）7月31日で、棟札に7月起工とあることから茶室の起工式には立ち会うことは可能であった。さらに、同年8月5日から17日まで事務引継で来県しているので、そのさい途中経過を見た可能性はあるが、ほとんど建築には携わっていなかったことが考えられる。

しかし、建築の構想については『至誠の人　楫取素彦』のなかに「建築に関わった大島喜六は―中略―楫取は大島の茶道の弟子であったので、茶室の建築は茶道を知る楫取の発案と考えられる」とあることと、楫取は星岡茶寮の会友名簿に名前があることから、実際に茶寮の茶室を見ていることになるので、星岡茶寮を参考にして建築の構想に関わっていたことは考えられる。

資料Ｃ・２頁に、「本館、茶室ともに県庁職員の設計により、本館は前橋の小林久五郎以下、地元の職人を中心として施工され、茶室は京都の大工今井源兵衛により施工された」とあることや、茶室の棟札に「土木課長　羣馬縣五等属磯村應　主任　羣馬縣七等属児玉平一　大工　京都　今井源兵衛」と書いてあるとおり、構想のみ伝えて、あとは源兵衛と県の職員に任せたと考えられる。

（3）四畳半茶席の蛭釘

書院席の蛭釘については、資料Ａ・13頁に「炉上の天井には蛭鉤をつける」と記載がある。蛭鉤については『茶道辞典』（淡交社昭和54年）によると「蛭釘は蛭鉤ともいう」とあるが、一般的には蛭釘といわれているので本書では蛭釘と表記する。

書院に蛭釘がついている茶席は、古田織部が考案したといわれる「鎖の間」が、18世紀以降大座敷などとともに草体化していったものといわれている。

これはのちの数寄屋造りに通じていて、臨江閣茶室書院席は、数寄屋造りにすることによって、四畳半茶席で濃茶を点て、書院席に移って薄茶を点てたり、釣釜を楽しんだりと、さまざまな茶の湯に対応できる造りとなっている。

次に、四畳半茶席をみると資料Ａ・Ｂ・Ｃに蛭釘の記載がない。茶席に蛭釘はあると予想し、実際に見てみると炉の真上にうってあった。天井は三段構成で入り組んでいるにもかかわらず、後に付けられた照明の陰に小さな蛭釘があった。蛭釘について係の方にたずねると、建設当初からの物ということであった。当時の様子がわずかに分かる資料Ｂ・７頁によると、「茶室は昭和になって、北側が増改築によって形態が一変された以外はほぼ当初のままであった」とあることから、補修はされたものの使用可能なものは残されたと考えられる。蛭釘が当時のものであれば源兵衛がつけたことになり、源兵衛の足跡を残すうえでも貴重な釘である。

この蛭釘があることによって、床の前に座った客が、夏は床と反対側の貴人口をあけて眺望を楽しみながら、冬はその貴人口からさしこむ明るい光のもと、釣釜などの点前を楽しめるような造りとなっていたことが分かる。

（4）四畳半茶席を造るにあたって参考にしたもの

　四畳半茶席を解説した『日本大学生産工学部建築工学科編集「前橋市臨江閣修復基本調査報告書」』（前橋市教育委員会　昭和59年）13頁に「金森宗和の系譜に属す」という次の記述がある。

　「四畳半茶席は、江戸期に好まれた中でも書院茶室に進んだ小堀遠州ではなく、侘びに徹し創案茶室を守った金森宗和の系譜に属すと思われる。たとえば金沢市にある大黒庵（図34）と対比するに、「躙口」と「貴人口」の違いを除けば、床、給仕口、茶道口、下地窓炉の配置、および水屋の位置が臨江閣茶室と同じである。また土庇を南から西へ鉤手にめぐらすあたりも同じである。この大黒庵は、大正期に宗和流の安達宗香が設計指導したものという」

　同書30頁の図34や、井野誠一編『臨江閣』の大黒庵の写真をみると、床は、なぐりの床框のついた本床なので、臨江閣四畳半茶席の踏込床とは異なるが、下座床で右床脇につく給仕口や茶道口の位置、さらに畳の敷き方や露地の庇の回し方など似ている点は多い。

　しかし、似ているということと宗和流を継承しているということとは、別の問題であると考えられる。筆者は第3章・第1節・（3）で述べたとおり、臨江閣茶室四畳半茶席は星岡茶寮の「二畳台目席」と「中板入席」を参考にしたとの見解を持つに至った。星岡茶寮「二畳台目席」は、台目構えで、床は本床ではあるが、下座床で右床脇に給仕口がつき、東側に茶道口、折れ曲がりで点前座にすすむところは臨江閣茶室四畳半茶席と同じである。また、「二畳中板入席」は、躙口はなく貴人口となっている。さらに丸窓が付いていて、臨江閣茶室書院席の花灯窓を連想させる。

　さらに、大黒庵は南側が躙口になっているため室内は暗い。その点、四畳半茶席の南側は貴人口になっていて、星岡茶寮「二畳中板入席」のように室内は明るくなる。この明るさの違いこそが、星岡茶寮を参考にしたという根拠につながる。

　源兵衛は茶室をつくる際、本人が造った星岡茶寮の「二畳台目席」の構造と「二畳中板入席」の明るさの両方を取り入れ、臨江閣茶室を造ったのではないだろうか。これまで、『日本大学生産工学部建築工学科編集「前橋市臨江閣修復基本調査報告書」』によって、臨江閣茶室は「金森宗和の系譜に属す」というのが

定説になってきたが、その見解に対して再考を求めたのが筆者の考察である。

（5）茶室の使用目的

　臨江閣茶室は、中央の水屋をはさんで四畳半茶席と書院席があり、中央部分には茶事の用意ができるほどの板の間の空間があるにもかかわらず、茶室には勝手（調理場）がない。資料Bには茶室修理前の平面図が載っていて、そこにも勝手の記載はないが、北東の玄関のほかに、北西の角に勝手口のようなものがついていて興味ぶかい。

　現在の茶室は、北側を半間ほどけずって修理前の姿にもどしたとのことで、勝手口はない。この茶室は、板の間を広く取っているにもかかわらず、当初から勝手は付けない設計になっていたと考えられる。このことは、密閉された空間で茶事を本格的に行うことが目的ではないことが分かる。

　さらに、視線を茶室の外にむけると、腰掛待合からの飛び石は風呂川から引きこまれたせせらぎへとつづく。その流れを蹲（つくばい）とみたて、そこから書院席・四畳半茶席へとそれぞれつづいている。これは、庭師高木庄八の手によるものといわれているが、この自然を取り入れた飛び石の打ち方や、席中に明るさや眺望を取り入れたことは、この茶室では、高位高官に茶事などをとおして「茶」を全面的に供することではなく、自然との融合を心の拠りどころとして供することが目的であったと考えられる。

　これは、資料Cに本館もふくめて茶室の設計は県庁職員とあるが、筆者は星岡茶寮を建てた源兵衛の趣向が多分に入っていると考えられる。

第3節　四畳半茶室の歴史的変遷

　四畳半小間席については、足利義政の慈照寺（銀閣寺）東求堂の同仁斎の四畳半から始まる。これは日本で最初の四畳半小間席といわれているが、まだ床の間はなく、付書院違棚をもつ書院であった。

　中村昌夫は著書『図説　茶室の歴史』のなかで、東求堂には「囲炉裏」が切ってあり当初から茶室としての機能を持っていたが、これは茶会を催すということより義政の精神の安息所であったと説いている。

　同時代の村田珠光の四畳半も真の四畳半といわれ、一間床で室内は角柱・張付壁であった。珠光は、六畳ではゆとりがあり道具持（唐物持）の席であると

いい、六畳敷をはなれ、この頃はまだ真ではあるが四畳半という侘びの茶の湯へ向かうようになった。

武野紹鴎の頃になると、一間床で珠光四畳半を継承しつつも、室内に炉を切るなど草庵の趣をもつようになり、茶人たちはこぞってこの四畳半を写し建てたといわれている。

しかし、山上宗二の伝えによると、紹鴎は四畳半にも唐物をかざるようになったため、利休によって深三畳台目・一畳半・二畳などの小間へと向かっていったといわれている。

ここで、秋井繁之助著『茶室の造形美を探る』「利休好み茶室の経過」という項に、利休が小間へ向かっていった様子が次のように書かれている。「茶室の広さは紹鴎と利休と談合の上、侘びを真として四畳半を基本としたが、人生一代を壮年、初老、老居の四段に分けるとして壮年、初老のもっとも全盛時代は正統の四畳半を好み、初老、中老時代を四畳、三畳半を四畳半と同様な扱いの上に応用したが、中老、老居に入り、老熟と身体の不自由を感ずるに従って三畳、二畳半、二畳と小間を好むようになり」とある。

好みだけでなく身体能力によっても小間を造るようになったという説に、利休の人間らしい側面がみえる論である。

四畳半茶室については、平成2年（1990）7月28日に「有斐斎　弘道館」のオンライン講座『茶の湯の文化を識る』があり、桐浴邦夫講師の「本数寄と侘数寄の茶の湯空間」というテーマの講義を聴くことができた。まさに「紹鴎の床ナシ四畳半」と四畳半茶室についての話からはじまった。茶室には一間半の玄関がついているが、この玄関は「老子」の「玄之又玄、衆妙之門」が語源で、幽玄の道の入り口という意であるとのことであった。

チャットで「四畳半茶室には貴人口がつく場合がありますが、紹鴎四畳半玄関の名残りでしょうか」と質問したところ、〔本来の姿は「わびすき」で閉鎖的であったが、江戸時代後半になると「きれいさび」がとりいれられるようになったことが貴人口に通じている〕というような回答であった。つづきは次の書籍に詳しく掲載されている。

同年11月出版の納屋嘉人編『裏千家十一代　玄々斎の茶と時代』という書籍のなかで、桐浴氏が「幕末明治期の茶室建築と玄々斎の茶室」という項を担当している。わびすき・きれいさびについて執筆しているので要約して引用する。

〔室町時代、八代将軍義政によって四畳半という小さな部屋（同仁斎）が造られた。それが安土桃山時代の「わびすき」の茶室につながっていく。それは

自然から遠く離れた都市の中に建築を閉鎖的にして、心で自然を感じるというものであった。その「わびすき」を受け継いだのが千家の茶室であった。いっぽう、のちの武家の茶室は、ある程度の広さの庭園を持ち、その庭園とのつながりを重視した茶室が多くなった。それが後に「きれいさび」と表現されるようになり、茶室の内側から外にひろがる自然を直接感じることができるようになった]と説いている。

また、桐浴氏は、[「わびすき」から開放された「きれいさび」は江戸期を通じて、茶室や茶の湯の影響を受けた数寄屋建築におおきな影響を与える]と、「わびすき」と「きれいさび」の概念をまとめている。

また、[江戸後期になると、松平不昧が「諸流皆我が流」と諸流派の茶を学び不昧流を立ち上げる。不昧は利休好みの茶室を造るいっぽうで技巧的で開放的な茶室を造ることがあった。さらに、天明の大火で焼失した孤篷庵忘筌の再興に近衛家とともに助力し、それまでの「わびすき」と「きれいさび」の境界線を曖昧にした]と説いている。

詫びをとりいれた数寄屋造りの臨江閣茶室は、「わびすき」と「きれいさび」の境界線が曖昧のなかにも、庭園まで重視した「きれいさび」のながれを受け継いでいると考えられる。

第4節 「星岡茶寮」と「臨江閣茶室畔堂庵」の同時期の建設について

楫取は星岡茶寮の会友名簿の最初のほうに記載があり、奥と面識があったことが考えられる。ここに奥八郎兵衛と楫取素彦と今井源兵衛の関係性を見いだすことができる。

楫取と源兵衛の関係については、楫取の自宅は麹町区平河町6丁目22番地、源兵衛の住所も麹町区山元町2丁目9番地（地図を掲載）で隣の町内になり話をすることも可能な距離である。

また、楫取と星岡茶寮の関係は、星岡茶寮の建設地は同じ麹町区で、楫取の自宅からも建設中の建物が見える距離であり、それぞれに関係性のあったことが分かる。

以上から、源兵衛が星岡茶寮の建築が終わってすぐに、臨江閣茶室建築に着手できたのは、両方の建築にさいして、奥八郎兵衛・楫取素彦・今井源兵衛の三者の合意があった上でのことと考える。

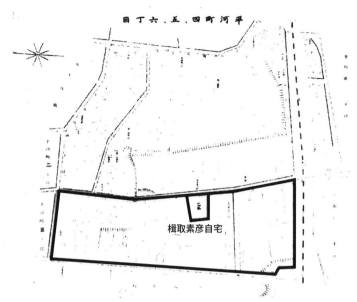

「楫取素彦自宅地図」（麹町区　平河町）
国立国会図書館デジタルコレクション　東京市及接続郡部地地籍地図　上巻

「麹町区全体地図」同地籍地図
斜線部左上から　山元町／今井源兵衛、平河町／楫取素彦、永田町／星岡茶寮

第4章　今井源兵衛像

第1節　今井源兵衛像が明らかになった瞬間

（1）作家井上靖の妻、井上ふみとの関係

　井上ふみは、作家井上靖の妻であるとともに、今井源兵衛の孫にあたる。

　この衝撃的な事実の判明は、今井源兵衛の訃報覧に親戚とあった村上光保の子孫の山本道子氏が、古い冊子のなかから「井上ふみさんが今井源兵衛について書いたものがあった」とこの貴重な資料を見つけてくださったことに始まる。

「井上靖・ふみ夫婦」（文化勲章受章 1976 年 11 月）長泉町井上靖文学館所蔵

　送っていただいたのは『新連載　第2回　短編ずいひつ　母から聞いたこと　井上ふみ』（1994 年　月刊パンプキン 2 月号　潮出版社）という資料であった。随筆は第1〜3回の連載で、発行元の潮出版社に連載3回分のコピーを依頼したところ、第1回「ふたりの結婚」と第2回「母の実家と皇室のご縁」に、ふみと井上靖のことや両親（ふみの父足立文太郎と母やそ）のことについて書かれていて、後半で今井源兵衛についても記載があるので引用する。

　第1回「ふたりの結婚」

　　母の実家は、宮内省の建築御用を務めた名門宮大工であった。母の父今井源兵衛は5代目。明治9年10月5日、母はその父とせいとの間に次女として誕生。9歳のとき、せいは病死した。姉なおが母代わりであったが、幼少から、家の裏で働く 70 人ぐらいの大工、その他の職人を見て育った。この人たちの賄いのために大きな釜が3つ、飯炊きの女が3人いた。しかし6代目が騙されて、代々繁栄した家は一気に倒れた

　この随筆によって、井上ふみの祖父が今井源兵衛ということが判明した。大勢の職人が働いていたのは、なおの幼少期であるため、東上前の京都上神輿町

であったと考えられ、家がかたむいたのは東上後のことになる。

第2回「母の実家と皇室のご縁」

あれは命日ではなかったかと思う。京都の足立家の居間の隣には、爐を切った茶室風の6畳間があった。その半間の床の間に、時々母の父・今井源兵衛の肖像画の描かれた短い軸がかけてあった。「父が絵師に描かせたもんや」と母がいっていた。母とよく似ていた。その絵師の名前を聞いておかなかったのは残念である。飛ぶ鳥を落とす、といわれた今井家である、きっと有名な画家であったに違いない。当時大きな工事があると、いつも今井に落札された。職人もまた、今井家の法被を着ておれば全国どこでも顔が利く、と皆それを着たがっていたらしい

さらに今井源兵衛像が明らかになった。井上ふみの父親は解剖学者の足立文太郎で母親は源兵衛の次女やそ。京都の足立家というのはやその嫁ぎ先ということになる。今井家・井上家の家系図を作成すると右の通りである。

この回では他に、源兵衛の兄、今井源七の後添え民子の話が次のように載っている。

今井家・井上家家系図

- 士族の娘民子（1819～1858）
- 兄・今井源七 ―― 順養子 ―― ［五代目］今井源兵衛（1838～1900）
  - せい（1884 死亡）
  - なお
  - やそ（1876生） ―― 原二郎（1874生） ―― 春子
    - 足立文太郎（1865～1945） ―― やそ ―― ふみ（1910～2008）
  - 足立長造
  - すが（井上靖の曽祖父井上潔の妹）
- 井上隼雄 ―― やえ
- 井上靖（1907～1991） ―― ふみ（1910～2008）
  - 長男・次男
  - 長女・次女

義理の親となった源七の後妻は、士族の娘で、一条家に上がり女児を出産。その後一条家を下がって源七と結婚した。この女児はのちの明治天皇の妃になられた昭憲皇太后である。つまり昭憲皇太后のご生母は、私の母方の義大祖母となる。私の母やそが生まれたとき、この方を通じて皇室より孫へのお祝いを拝領した。緋紋ちりめんの反物で、菊のご紋付の黒塗り箱に入っていたとあり、今井源兵衛の義理の母民子は昭憲皇太后の生母にあたることになる。この文章から、今井家は皇室ともつながりがあったことが分かる。

　『昭憲皇太后実録』から、民子について記載のある個所を抜粋して要約すると、「昭憲皇太后の生母新畑民子は、一条家医師・新畑種成の女（娘）で、一条忠香に仕え、2男3女を生む。嘉永2年（1849）4月17日に生まれた末女が後の明治天皇の皇后（昭憲皇太后）となる。生母民子は安政5年（1858）9月16日歿す。享年39。墓碑は京都東福寺塔頭芬陀利華院に明治2年建立」とある。

　源兵衛が皇室関係の建築御用をつとめていたのは、腕がいい他に皇室と縁戚であったことも要因のひとつと考えられる。

　また、源兵衛と村上家との交流も書かれていて、「名門宮大工の棟梁であった源兵衛は、妻の早逝で再婚した。がその人とはすぐに離婚。次には東京の洋菓子屋・村上開新堂から輿入れがあった」とあり、その人の名前が「茂登」とあるが、「茂登」は村上光保の妻なのでここは事実と相違している。

　子孫の山本氏が京都の村上開新堂にも聞いてくださったが、村上家から源兵衛の妻になったという方の名前は分からなかった。いずれにしても、訃報覧に親戚とあることから、村上家と縁戚のあった方と結婚したと思われる。

　以上が、潮出版社『月刊パンプキン』の資料から今井源兵衛像が判明した部分であるが、この資料をもとに、第3章までとはまったく別の方面から源兵衛について調べることになった。

　まず、この資料の井上ふみのプロフィールの欄に自伝小説が何冊かあり、その中の『やがて芽をふく』という著書に今井家について書かれていることが分かった。この著書は、『月刊パンプキン』に1994年1月号～2月号に連載された「短編ずいひつ　母からきいたこと　井上ふみ」と、静岡新聞に平成5年（1993）1月5日～4月17日に連載された「わが青春」とをもとに書かれたもので、そのなかに今井源兵衛について驚くほどたくさんの情報があった。

（2）井上ふみ著『やがて芽をふく』より

ふみの母方の祖母は源兵衛の妻今井せい。せいは江州（滋賀県）長浜一の美人といわれていて、実家は寺の釣り鐘などを扱う金物屋であったと書かれている。

また同書の「美人の血筋」76頁に、ふみの母やそが話したこととして「母が生まれた塔の段の上神輿町の家は、茶坊主の火の不始末で全焼した」という記述がある。

これは、明治14年（1881）に「上京区第11組上神輿町今井源兵衛」の名で「地券消失に付新地券下与願聞届」が京都府知事に出されているので、その火事について書かれたものに違いない。ただ、次の第2節の『請負之栞』にあるように、明治12年（1879）には家族とともに住所は東京に移しているので、火事は源兵衛不在中におきたと考えられる。さらに「夢の跡」78頁に源兵衛の消息について次のように書かれている。

「天保九年二月、京都に生まれた私の祖父・今井源兵衛は、建築業に多大な業績を残した。明治三十三年、指のけがから傷口が化膿し丹毒になり、頭に毒がまわって六十三歳で亡くなった。間をおかず長男・原二郎が跡を継いだ。しかしこれが優秀でなくて、源兵衛が決して判を押してはならぬと言い渡してあったものに、だまされて判を押してしまった」

この記述から不明であった今井源兵衛の生年が明らかになったとともに、死亡の原因も分かり、長男原二郎が跡を継いでまもなく廃業した理由も判明した。今井源兵衛の全体像が明らかになった瞬間である。

第2節　井坂弥編『請負の栞』

（1）『請負之栞』の解読

井坂弥編『請負之栞』は明治37年（1904）7月国益新聞社から出版された。当時の東京横浜の信用があり実力のある土木建築請負業者を紹介しているもので、同書（原文解説指導は京都府立京都学の歴彩館　岡本隆明氏）に「今井原二郎氏」として紹介されている。貴重な資料なので原文を掲載する。

「東京市麹町区山本町　　　　今井原二郎氏

は氏ママ明治七年十一月京都に生る故今井源兵衛氏の長男なり父君幼名を彌三郎と稱す天保九年二月生る家代々建築業を營み若狹屋と號し斯業界の名門たり慶應元年京都大内裏有栖川宮殿閣榮造の命を奉じ工成りて特に朝服、親翰、金若干を賜ふ蓋し異數の名譽なり明治十一年九月東上工部大學教師河合信次氏に就き更に建築術を修め大に得る所あり十二年十月居を赤坂田町にトし家眷を迎ふ十八年二月現住所に轉す其東上以來建築する所のもの皇居、宮殿、官衙及び公卿の邸宅等を始めとして工事の數枚舉に違あらず單に重もなるものゝ二三を錄すれば十二年五月一條公爵邸を建築したるを初めとして十三年伏見宮本殿、有栖川宮本殿、十四年赤坂離宮正門、十八年皇居御造榮、梨本宮本殿、函根離宮、二十二年吹上禁苑駐春閣、二十三年青山内殿從寢所、二十四年華族女學校、二十七年第四回内國勸業博覽會舍館、二十八年芝離宮、三十年北白川宮葉山別殿、三十一年東宮御造榮工事、三十二年海軍省等其外孰れも名譽の大建築ならざるは莫し三十三年六月長逝す享年六十三資性淡泊にして義を守り其の所信を云爲するに毫も忌憚する所なく而して工事に對する用意の周到なる同業間の常に敬服する所たりき氏は父君の沒後直ちに家業を繼ぎ最近竣工に係る番町梨本宮御殿及び京都祇園社務所、五二會・綿子ル株式會社の如き同業間皆な其の精巧に驚かざるは莫し氏斯業の名門に生れ而して前途最も春秋に富む其の他日の大成期して待つべし茲に掲る所の肖像は則ち氏の父君にして永く其の英風を慕ふ後進斯業家の記念に供せんの微意のみ」

以上、いざ読み下しを試みると旧字体のためむずかしく、ひとつひとつ仮名をふりながら意味を解読していった。以下に新字体に置き換えて記載する。

「氏は明治七年十一月京都に生る。故今井源兵衛氏の長男なり。父君幼名を彌三郎と称す。天保九年2月生る。家代々建築業を営み若狭屋と号し斯業界の名門たり。慶応元年京都大内裏有栖川宮殿閣営造の命を奉じ工成りて、特に朝服、親翰、金若干を賜う。蓋し異数の名誉なり。明治十一年九月東上。工部大学教師河合信次氏に就き更に建築術を修め大いに得る所あり。十二年十月住まいを赤坂田町にトし家眷を迎う。十八年二月現住所に転す。その東上以来建築する所のもの皇居、宮殿、官衙（役所）及び公卿の邸宅等を始めとして、工事の数枚挙に違あらず。単に重もな

るものの二三を録すれば、十二年五月一條公爵邸を建築したるを初めと
して、十三年伏見宮本殿、有栖川宮本殿、十四年赤坂離宮正門、十八年
皇居御造営、梨本宮本殿、箱根離宮、二十二年吹上禁苑駐春閣、二十三
年青山内殿従寝所、二十四年華族女学校、二十七年第四回内国勧業博覧
会舎館、二十八年芝離宮、三十年北白川宮葉山別殿、三十一年東宮御造
営工事、三十二年海軍省等その他孰れも名誉の大建築ならざるは莫し。
三十三年六月長逝す。享年六十三。素性淡泊にして義を守り、その所信
を云為するに少しも忌憚する所なく、しかして工事に対する用意の周到
なる同業間の常に敬服する所たりき。氏は父君の没後直ちに家業を継ぎ、
最近竣工に係る番町梨本宮御殿及び、京都祇園社務所、五二會・綿子ル
株式会社の如き。同業間皆その精功に驚かざるは莫し。氏斯業の名門に
生まれ、しかして前途最も春秋に富む。その他日の大成期して待つべし。
ここに掲る所の肖像は、すなわち氏の父君にして、永くその英風を慕う
後進斯業界の記念に供せんの微意のみ」

　この記述は、『請負之栞』の長男今井原二郎の項に載っていたものだが、肖
像画をはじめとしてほとんど今井源兵衛について書かれているものであった。
　源兵衛については、「天保9（1838）年2月生まれ。幼名を彌三郎という。家代々
建築業をいとなみ、若狭屋と称しこの分野の事業の名門である。慶應元（1865
年）京都大内裏有栖川宮殿閣営造の命を奉じ工成りて、特に朝服、親翰、金若
干をいただく。まさしく特別の名誉である」とある。
　『やがて芽をふく』と照らし合わせると、源兵衛は天保9年2月京都の今井
家に次男として生まれる。長男源七は理由があって5代目を継がず、子がなかっ
たため、跡継ぎは源兵衛が一度源七の子供となって継いだ（順養子）。有栖川
宮殿閣営造の慶応元年は源兵衛26歳。5代目として名誉ある仕事を請け負っ
ていたことが分かる。
　つぎに第2章・第1節・（2）足跡の調査②で、いつ東京へ移ってきたのか
という疑問があったが、この資料によると「明治11年（1878）9月東上、工
部大学教師河合信次氏に就き─中略─同12年10月居を赤坂田町に移し家眷（同
じ家の人々）を迎える」とあり、建築学で河合信次に就くために東上したこと
が分かる。
　明治12年東京に移ってきたとき、井上ふみの母親やそは4歳。明治17年源
兵衛の妻せいが死去したときやそ9歳であった。翌18年には住所を麹町区山

元町に移している。

　明治17年は星岡茶寮と臨江閣の建築に着手していた時期なので、小さい子を残された源兵衛にとっては大変な時期であったと考えられる。そこで、後添えの候補として、村上家とつながりのある河合信次の娘があげられる。河合には村上光保の妻茂登をはじめとして四人の女児がいたが、光保の子孫山本氏の話によると四女の方のみ不明とのことであったので、後添えはその方の可能性も考えられるが確証にはいたらなかった。

（2）『請負之栞』より源兵衛の足跡の調査

　ここからは、第3章までの調査と『請負之栞』を照らし合わせながら、源兵衛の足跡を調査していく。

　　1. 明治12年（1879）一条公爵邸。
　　2. 明治13年（1880）伏見宮本殿・有栖川宮本殿。
　　3. 明治14年（1881）赤坂離宮正門。
　　4. 明治17年（1884）星岡茶寮・臨江閣茶室。
　　5. 明治18年（1885）皇居御造営・梨本宮本殿・箱根離宮。
　　6. 明治22年（1889）吹上禁苑駐春閣
　　7. 明治24年（1891）華族女学校。
　　8. 明治25年（1892）細川公爵邸。
　　9. 明治27年（1894）第4回内国勧業博覧会舎館。
　　10. 明治28年（1895）芝離宮。
　　11. 明治30年（1897）英照皇太后御大喪の際　泉涌寺附近復旧工事。
　　12. 明治30年（1897）北白川宮葉山別殿。
　　13. 明治31年（1898）東宮御造営工事。
　　14. 明治32年（1899）海軍省。
　　※下線のあるものは第3章までで調査済み

年代順に調べたところ、東上以来約20年にわたって主に皇室関係の建築に携わっていたことが分かる。

　そのなかで、9.の内国勧業博覧会については、第2章・足跡の調査②で施工部分が特定できなかったが、この調査で、舎館（宿屋・旅館）であったことが判明した。

　次に、「鈴木博之監修『皇室建築　内匠寮の人と作品』2005年㈱建築画報社」に皇室関係の建築物が載っているので上記について調べたところ、14棟のうち、

以下 6 棟の確認ができた。

1 （2.）伏見宮本殿　麹町区紀尾井町　設計者片山東熊　現存しない。251 頁

2 （3.）赤坂離宮正門　東宮御所の外部装飾。大正期に撮影された図版が掲載されている。現存し 2023 年まで修復中。95 頁

3 （5.）梨本宮本殿　渋谷区美竹町　設計者不詳　現存しない。251 頁

4 （〃）箱根離宮　芦ノ湖南東部の塔ヶ島に、明治天皇の脚気病治療のため伊藤博文の建議によって建てられた。明治 18 年着工、翌年完成。日本館設計村山幸次郎。現存しない。133 頁

5 （10.）芝離宮　明治 8 年有栖川宮邸地を宮内省が買い上げ、翌年離宮となった。現在の東京都港区海岸 1 丁目。木造洋館は関東大震災で焼失しているが、「旧芝離宮恩賜庭園」として残る。木造洋館は明治 24 年完成とあるが『請負之栞』では明治 28 年となっている。土木負砂崎庄次郎。158 頁

6 （13.）東宮御造営　現・迎賓館赤坂離宮。明治 31 年 8 月官制を発布し、宮内省中に東宮御所御造営局（局長杉孫七郎）を置き準備に着手。翌 32 年 8 月起工、同 39 年に大略竣工。技監片山東熊。御用掛木子清敬。砂使用地砂崎庄次郎。88 頁

以上、6 棟を確認した中に、今井源兵衛とかかわりのある人物が複数いることが分かった。その関係性をみていくと、今井源兵衛が前橋の臨江閣を建てた背景が見えてくる。以下 4 人について『皇室建築巻末・人物辞典』から引用する。

1．木子清敬…「弘化 2 年（1845）京都生まれ。幼名は勝治郎。禁裏の大工として知られた木子家に生まれる。維新を機に上京し、明治 6 年から宮内省に出仕、明治 14 年の明治宮殿御造営の際は御造営掛として設計施工に関与した。明治 23 年からは内匠寮土木課長として、皇室・宮家関係の営繕事業に携わった。その他日光田母沢御用邸、熱海、沼津、葉山、箱根宮ノ下、静岡・鎌倉の各御用邸造営を担当した」とあり、

源兵衛の請け負った工事の多くは木子からの依頼であったことが分かる。また、第2章第2節で掲載した書簡（今井源兵衛と河合喜兵衛の連名で木子に宛てたもの）のなかの「静一件」について、今回の調査で「静岡御用邸」と判断できる。その根拠として、静岡御用邸は明治32年（1899）9月11日に地鎮祭を行い、翌33年6月竣工している。書簡の日付が10月6日とあり、源兵衛が明治33年（1900）6月29日に亡くなっていることから、地鎮祭挙行後に指をけがしたため、かわりに河合喜兵衛が木子に手紙を書いた可能性が高いと考える。

2. 砂崎庄次郎…源兵衛の訃報覧に総代と名前があった人物。『皇室建築』68頁によると、「御東行の工匠では砂崎庄次郎が皇室関係の各所の土木工事に記録されている」とあり、砂崎が皇室関係の仕事に携わっていた立派な人物ということが分かる。また160頁には、「砂崎庄次郎は大林組の初代会長である大林芳五郎を育てた人物である」とある。以上から、砂崎を総代にたてていただいた源兵衛も立派な人物であったことが分かる。

3. 片山東熊…「嘉永6年（1853）山口生まれ。長州藩下士の出身。―中略―明治12年、第一期卒業生として工部大学校造家学科卒業、工部省技手となる。明治15年、有栖川宮邸建築掛として欧州各国をまわり」とあり、源兵衛が片山の代表作といわれる有栖川宮邸に携わっていたことも、腕のいい大工であったことが分かる。

4. 杉孫七郎…「天保6年（1835）生まれ。山口藩士植木五郎右衛門の次男として生まれる。藩校明倫館、松下村塾に学び」とあり、3歳年下の楫取素彦との接点があったと考えられる。また「明治17年から同20年まで皇居御造営事務局長をつとめる。―中略―明治31年から同33年まで東宮御所御造営局長をつとめる」とあり、源兵衛は杉をとおして仕事を請け負っていたことが分かる。
   ＊以上4人の略歴は2005年時点の情報

　以上の4人を調べた結果、今井源兵衛はほとんど宮内省の人物から仕事を請け負っていたことが分かった。

こうしたことから、楫取素彦がなぜ今井源兵衛に臨江閣茶室建築を依頼した
のかという疑問についても解明の手掛かりができたように思われる。楫取が源
兵衛の「星岡茶寮」を建てた腕を見込んだほかに、皇室関係の仕事を請け負っ
ていた立派な大工であったこと、さらに源兵衛の義理の母が明治天皇妃（昭憲
皇太后）の生母にあたり皇室と縁戚であったことなどが、その理由であったと
考えられる。

　すなわち、皇室を迎えるための施設である迎賓館を造りたかった楫取にとっ
て、今井源兵衛こそが適任者であると判断したのではないであろうか。

（3）源兵衛の長男原二郎

　『請負之栞』には家業を継いだ息子原二郎の建築物についても書かれている。
原二郎は跡を継いだのち、梨本宮御殿、京都祇園社務所や五二會に所属の京都
綿ネル株式会社を建築したと記述がある。

　番町梨本宮御殿については確認がとれず、京都祇園社務所は、現在の八坂神
社社務所ではないことが分かった。

　五二會とは、織物・陶器・銅器・漆器・製紙の５品に彫刻・敷物を２品加え
た伝統的な輸出工芸７業者の団体の名称であって、京都綿ネル株式会社は本社
設立当初（1895 年）は「五二会京都綿ネル株式会社」という名称であったが、
1800 年 11 月に「京都綿ネル株式会社」に改められた、ということが分かった。
京都綿ネル株式会社については、源兵衛亡きあとの建築になるので、京都映像
資料研究会編・納屋嘉人発行『古写真で語る京都』に掲載されている明治 34
（1901）年の本社北の建物か、同 36 年西陣工場のいずれかと判断できる。

　原二郎は今井家をつぶしてしまったと言われているが、短い期間であったが
同業者間からも期待されていて、腕もたしかであったと『請負之栞』に記され
ている。

むすび

　本書の第3章までは、明治17年（1884）に同時期に建てられた「星岡茶寮」と「臨江閣」の茶室を考察することで今井源兵衛像を明らかにしていった。

　まず、源兵衛は奥八郎兵衛に「八新」を建てた腕をみこまれて「星岡茶寮」を建て、その腕を楫取素彦にみこまれて「臨江閣茶室」を建てたという経緯が明らかになった。

　その後、「三上吉兵衛」の資料から、内匠寮木子清敬のもと組合組織で仕事を請け負っていたことが判明した。

　さらに、木子清敬のもとで、細川侯爵邸をはじめ内国勧業博覧会会場・英照皇太后御大喪仮屋建施設と泉涌寺附近復旧工事・静岡御用邸など、宮家・皇室関係の多くの仕事に携わっていたことが分かり、源兵衛の足跡も明らかにすることができた。

　また、細川邸の見積書と、臨江閣茶室の棟札との筆跡が同じであることが判明したことも源兵衛の人物像に近づける大きな一歩となった。

　つぎに、彼の建てた「星岡茶寮」が近代数寄屋建築黎明期の建物として、建築学の方面から高く評価されていることが分かり、源兵衛の腕がたしかであったことも証明できた。

　また、「星岡茶寮」と「臨江閣」の茶室を考察したことによって、幕末以前の暗い茶室から、明治以降、明るい茶室が造られるようになる境目の時期に、この二つの茶室は早い段階から明るさを取り入れる傾向があったことが分かった。

　さらに、星岡茶寮が風光明媚な地にあったように、臨江閣茶室も書院席は腰高障子を、四畳半茶席は貴人口を開放すると、客座から庭園をとおして、利根川から遠くの山並みの眺望を楽しむことができた。現在は茶室前の庭園は植栽によって見渡すことはできないが、本館2階一の間（御座所の跡）からは、いまでも遠くの妙義・浅間の山々を見渡すことができる。

　明るさと眺望、茶室にこのふたつの要素を見いだしたことで、源兵衛の理想とする茶室のすがたを見ることができた。

　第4章では、今井源兵衛の生年や肖像画・東上の時期・その後の足跡や死亡原因も明らかにすることができた。これには井上ふみ著『やがて芽をふく』と『請負之栞』という資料に出会えたことが大きな収穫であった。

　この資料から、今井源兵衛は天保9年（1838）2月京都に生まれ、代々

建築業をいとなむ「若狭屋」5代目を継いだことが分かった。慶応元年（1865）有栖川宮殿閣造営を高く評価され、さらに建築術を河合信次氏に就いて学ぶため明治11年（1878）9月東上した。その後は宮内省の仕事をおもに引き受ける立派な大工であったが、指のけがから毒がまわり、明治33年（1900）6月に63歳で亡くなったことが判明した。

　以上、今回の調査によって「臨江閣茶室」を造った「京都　大工　今井源兵衛」のほぼすべてを解明することができた。

あとがき

　臨江閣茶室を建てた大工今井源兵衛については、今まであまり研究がされていない状況でした。そのような中で浅学非才の筆者が、その人物像について解明したいと思ったきっかけが二つあります。

　一つ目は、楫取素彦が官舎として居住していた「楽水園」の地は、筆者の祖父佐藤守廣が昭和20年代初頭に買い取り、「楽水園」という旅館を経営していたといういきさつがあり、楫取との縁を感じていました。また、その楫取が、官舎（楽水園）から県庁へ通う道すがらで、風光明媚な現在の臨江閣の地に迎賓施設を建設したいと発案し、そこに附属茶寮（茶室）を建てる際の大工が今井源兵衛であったことにも関心を寄せていました。

　二つ目は、筆者が2020年度に卒業した「京都芸術大学　通信教育部　和の伝統文化コース」の卒論のテーマを「近代数寄屋建築黎明期の大工　今井源兵衛とは―「臨江閣」と「星岡茶寮」の茶室からみる―」として取り組むことになったことです。

　この二つのことがきっかけで、今井源兵衛像について解明していくことになりました。その結果、第3章までの調査で、棟札にあった「京都　大工　今井源兵衛」は明治の初頭に活躍した立派な大工であったことを証明できましたが、源兵衛の生年などまだ不明な部分がありました。第4章では、その後に発見した『請負の栞』という資料によって、その不明な部分を明らかにすることができました。

　これには、「三上吉兵衛」の資料を提供してくださった市田文次郎氏や、「パンプキン」の資料を見つけてくださった山本道子氏・馨里氏のおかげと深く感謝しています。

　また、群馬地域学研究所代表理事手島仁先生には、卒論構想の段階から資料の提供などで大変お世話になりました。この度、「調査の結果をブックレットに」とありがたいお話をいただき発刊のはこびとなりました。

　さらに、市田氏を紹介してくださった（株）八新（八新記念会館）の佐々木英子氏、釈文や解読に協力いただいた京都府立京都学・歴彩館の岡本隆明氏と山本琢氏、井上ふみの調査でお世話になった長泉町井上靖文学館の徳山加陽氏、資料の提供などでお世話になった従弟妻の佐藤とし子氏。以上の方々には調査にご協力をいただき厚くお礼を申し上げる次第です。

＜参考・引用文献＞

・前橋商工会議所編『製糸の都市前橋を築いた人々』上毛新聞社事業局出版部　2018 年

・中川克一編『近世偉人百話［正編］』至誠堂　1909 年（国立国会図書館デジタルコレクション）

・相葉伸編集者代表『前橋繁昌記』復刻版　みやま文庫　1974 年

・畑野孝雄著『至誠の人　楫取素彦』上毛新聞社出版局　2015 年

・井野誠一編著『臨江閣』2018 年

・栗田曉湖著『下村善太郎と當時の人々』1925 年上毛印刷（株），2016 年復刻発行 下村善之助・下村洋之助

・浅田晃彦著『上州茶の湯史話』群馬県茶道会　1979 年

・防府史談会会誌『佐波の里　第 24 号　村田輝夫著「楫取素彦（小田村伊之助）」』防府史談会 1996 年

・渡邊勝利著『小説「星岡茶寮」』（株）東京経済　1994 年

・一般財団法人京都伝統建築技術協会機関紙「普請」第 22 号　建部恭宜執筆『京の大工「三上吉兵衛」（下）』　1993 年

・山本道子・山本馨里著『村上開新堂』講談社　2014 年

・藤澤丈二郎編『関の清水　八新』八新事務所　1976 年

・稲葉信子論文「木子清敬の帝国大学における日本建築学授業について」　1987 年

・桐浴邦夫論文「東京府の公園経営と星岡茶寮の建設経緯 星岡茶寮の建築の研究 その1」　1997 年

・桐浴邦夫論文「創設期における星岡茶寮について　星岡茶寮の建築の研究 その2」　1998 年

・桐浴邦夫著『茶の湯空間の近代　世界を見据えた和風建築』思文閣　2018 年

・桐浴邦夫著『世界で一番やさしい　茶室設計』（株）エクスナレッジ　2020 年

・日本大学生産工学部建築工学科編集「前橋市臨江閣修復基本調査報告書」　前橋市教育委員会 1984 年

・財団法人文化財建造物保存技術協会編集「群馬県指定重要文化財　臨江閣本館及び茶室保存修理工事報告書」前橋市教育委員会　1991 年

・前橋市教育委員会事務局文化財保護課編集・発行「群馬県及び前橋市指定重要文化財　臨江閣保存整備事業報告書」　2018 年

・群馬県教育委員会編集・発行「和　群馬県の近代和風建築」　2018 年

・中村昌夫著『図説　茶室の歴史』淡交社　1998 年

・秋井繁之助著『茶室の造形美をさぐる』新樹社　1974 年

・『淡交別冊　裏千家十一代　玄々斎の茶と時代』淡交社　2020 年

・明治神宮監修『昭憲皇太后実録　上巻』吉川弘文館　2014 年

・月刊パンプキン『新連載　短編ずいひつ　母から聞いたこと　井上ふみ　1月号〜2月号』潮出版社　1994 年

・井上ふみ著『やがて芽をふく』潮出版社　1996 年

・井坂弥編『請負之栞』国益新聞社　1904 年

・鈴木博之監修『皇室建築　内匠寮の人と作品』（株）建築画報社　2005 年

著者略歴

岡田 悠江／おかだ・ひろえ

1951 年　前橋市生まれ
京都芸術大学　通信教育部芸術学部　芸術学科　和の伝統文化コース卒業
大日本茶道学会前橋支部副支部長、前橋カルチャーセンター "お茶と茶花" 講師
群馬県立勢多農林高等学校茶道部外部講師

創刊の辞

　前橋に市制が敷かれたのは、明治 25 年（1892） 4 月 1 日のことでした。群馬県で最初、関東地方では東京市、横浜市、水戸市に次いで四番目でした。

　このように早く市制が敷かれたのも、前橋が群馬県の県庁所在地（県都）であった上に、明治以来の日本の基幹産業であった蚕糸業が発達し、我が国を代表する製糸都市であったからです。

　しかし、昭和 20 年 8 月 5 日の空襲では市街地の 8 割を焼失し、壊滅的な被害を受けました。けれども、市民の努力によりいち早く復興を成し遂げ、昭和の合併と工場誘致で高度成長期には飛躍的な躍進を遂げました。そして、平成の合併では大胡町・宮城村・粕川村・富士見村が合併し、大前橋が誕生しました。

　近現代史の変化の激しさは、ナショナリズム（民族主義）と戦争、インダストリアリズム（工業主義）、デモクラシー（民主主義）の進展と衝突、拮抗によるものと言われています。その波は前橋にも及び、市街地は戦禍と復興、郊外は工業団地、住宅団地などの造成や土地改良事業などで、昔からの景観や生活様式は一変したといえるでしょう。

　21 世紀を生きる私たちは、前橋市の歴史をどれほど知っているでしょうか。誇れる先人、素晴らしい自然、埋もれた歴史のすべてを後世に語り継ぐため、前橋学ブックレットを創刊します。

　ブックレットは研究者や専門家だけでなく、市民自らが調査・発掘した成果を発表する場とし、前橋市にふさわしい哲学を構築したいと思います。

　前橋学ブックレットの編纂は、前橋の発展を図ろうとする文化運動です。地域づくりとブックレットの編纂が両輪となって、魅力ある前橋を創造していくことを願っています。

前橋市長　山本　龍

∿β○○ΚLе+

前橋学ブックレット ㉜

| 臨江閣茶室と今井源兵衛 |

発 行 日／2023 年 1 月 27 日 初版第 1 刷

企　　画／前橋学ブックレット編集委員会
〒 371-8601　前橋市大手町 2-12-9　tel 027-898-6994

著　　者／岡田　悠江
発　　行／上毛新聞社営業局出版編集部
〒 371-8666　前橋市古市町 1-50-21　tel 027-254-9966

ⓒ Okada Hiroe Printed in Japan　2022

ISBN 978-4-86352-323-4

ブックデザイン／寺澤　徹（寺澤事務所・工房）

各号定価：660 円（本体 600 円＋税）